# Geschäftsmodellanalyse des Curated Shopping. Die Modeberater des E-Commerce

**Bibliografische Information der Deutschen Nationalbibliothek:**

Die Deutsche Nationalbibliothek verzeichnet diese Publikation in der Deutschen Nationalbibliografie; detaillierte bibliografische Daten sind im Internet über http://dnb.d-nb.de abrufbar.

ISBN: 9783346753809
Dieses Buch ist auch als E-Book erhältlich.

Druck und Bindung: Books on Demand GmbH, Norderstedt Germany
Gedruckt auf säurefreiem Papier aus verantwortungsvollen Quellen

Das vorliegende Werk wurde sorgfältig erarbeitet. Dennoch übernehmen Autoren und Verlag für die Richtigkeit von Angaben, Hinweisen, Links und Ratschlägen sowie eventuelle Druckfehler keine Haftung.

Das Buch bei GRIN: https://www.grin.com/document/1290076

# Fallstudie

Geschäftsmodellanalyse

Curated Shopping: Die Modeberater des E-Commerce

**Abgabedatum:** 27.05.2021

# Inhaltsverzeichnis

# Abbildungsverzeichnis

# Abkürzungsverzeichnis

| | |
|---|---|
| BMC | Business Model Canvas |
| CRM-System | Customer-Relationship-Management-System |
| E-Business | Electronic Business |
| E-Commerce | Electronic Commerce |

# 1. Einführung

Die Digitalisierung und zunehmende Vernetzung führen zu einem verschärften Preiswettbewerb und einer zunehmenden Individualisierung auf der Unternehmensseite.[1] Konsumenten können durch den technologischen Fortschritt kontinuierlich auf neue bzw. weiterentwickelte Endgeräte zurückgreifen, wodurch das Internet zunehmend intensiver genutzt wird.[2] Verbrauchern stehen nun auch mehr Informationen über Produkte bzw. Dienstleistungen sowie deren Hersteller bzw. Anbieter zur Verfügung, die einen Vergleich von Preisen und Qualitätsmerkmalen ermöglichen.[3] Schwindende Markteintrittsbarrieren erlauben es, dass immer mehr Anbieter in den jeweiligen Markt eintreten und Verbrauchern eine immer größer werdende Produktpalette anbieten.[4] Dieser Anstieg an Produktvielfalt kann bei Konsumenten schnell zu einer Überanstrengung, ausgelöst durch die gestiegene Informationsfülle, führen.[5] Auch hat sich der zeitliche Aufwand für Internetnutzer, die relevanten und notwendigen Produktinformationen herauszufiltern, in den letzten Jahren erhöht. Obwohl Verbraucher vermehrt im Internet einkaufen, vermissen jene oftmals eine individuelle Beratung, wie der stationäre Handel sie häufig bietet. Im klassischen Electronic Commerce (abgekürzt E-Commerce) haben Onlinehändler zunehmend Schwierigkeiten mit der Pflege von Kundenbeziehungen. Auch die Kundenorientierung ist für manche Onlinehändler oft zu komplex und eine kontinuierliche Anpassung an die sich veränderten Anforderungen der Nachfrager an den Handel wird nicht vorgenommen.[6] Zudem müssen sich Unternehmen aufgrund der Transparenz, der daraus resultierenden Vergleichbarkeit und geringen Markteintrittsbarrieren vom Wettbewerb differenzieren, um langfristig an diesem bestehen zu bleiben.[7] Um den genannten Herausforderungen begegnen zu können, müssen Unternehmen ihr Angebot auf die Anforderungen und Bedürfnisse der Konsumenten abstimmen. Hierzu können innovative Online-Geschäftsmodelle genutzt werden. Ein Beispiel ist das „Curated Shopping" (übersetzt betreutes Einkaufen).[8] Dabei handelt es sich um ein in der Bekleidungs-Branche vertretenes Geschäftsmodell, bei welchem der Onlinevertrieb durch einen persönlichen Berater, einen sogenannten Kurator, ergänzt wird.[9]

Im Rahmen dieser Fallstudie wird das Geschäftsmodell Curated Shopping zunächst erläutert und anschließend unter Zuhilfenahme des Business Model Canvas und den darin enthaltenen Bausteinen analysiert. Hierbei wird auch Curated Shopping vom klassischen E-Commerce abgegrenzt. Abgerundet wird die Fallstudie durch ein Fazit.

---

[1] Vgl. Heinemann 2017, S. 75.
[2] Vgl. Möhlenbruch et al. 2014, S. 23.
[3] Vgl. Heinemann 2017, S. 299.
[4] Vgl. Walsh et al. 2020, S. 538.
[5] Vgl. Olbrich et al. 2019, S. 23.
[6] Vgl. Möhlenbruch et al. 2014, S. 23.
[7] Vgl. Heinemann 2020, S. 245.
[8] Vgl. Möhlenbruch et al. 2014, S. 23.
[9] Vgl. Walsh et al. 2020, S. 536.

## 2. Grundlagen

### 2.1. Curated Shopping

Curated Shopping repräsentiert eine „situative und lebensstilgerechte Anpassung der Angebote an die individuellen Einkaufsgewohnheiten der Kunden"[10] und reagiert auf die erhöhte Preistransparenz auf dem Markt und dem dadurch entstehenden Preiskampf. Entstanden in den USA, stellen personalisierte Online-Einkaufsdienste keinen Nischenmarkt mehr dar, sondern haben sich bis heute in vielen Ländern etabliert.[11] Das Geschäftsmodell bietet im Rahmen des Onlinevertriebs eine persönliche Beratung als Dienstleistung an, um die Vorteile eines Ladengeschäfts mit den Vorzügen des Onlinehandels zu verknüpfen.[12] Da beim Modell des Curated Shopping der Fokus auf den Konsumentenbedürfnissen und der Schaffung maßgeschneiderter Angebote liegt, stellt es einen zukunftsweisenden Ansatz im Onlinehandel dar.[13] Ziel des Curated Shopping ist es, eine intensive Kundenbindung durch die persönliche virtuelle Beratung des Kunden herzustellen und darauf aufbauend höhere Margen zu realisieren. Auch eine Reduzierung der Quote von Rücksendungen und somit der Kosten wird angestrebt.[14]

Curated Shopping ist vorrangig in der Bekleidungs-Branche vertreten. Als Anbieterbeispiele dieses Marktsegments sind beispielsweise Outfittery und Zalon by Zalando zu nennen.[15] Outfittery wurde 2012 in Berlin als Personal Shopping Service für Männer gegründet. Nach der Beantwortung von Fragen zu Kleidungsstil, -größen und Preispräferenzen wird eine Auswahl an Kleidungsstücken von einem persönlichen Stylisten zusammengestellt und dem Kunden versandkostenfrei zugesandt. Ziel von Outfittery ist die „perfekte" Auswahl für jeden Kunden auf Basis von intelligenten Technologien und persönlichem Service zu bieten und das Einkaufen für Männer so einfach wie möglich zu gestalten. Outfittery ist in neun Ländern vertreten und konnte mit rund 100 Marken bereits eine Millionen Kunden abwickeln.[16] Zalando, eine Online-Plattform für Mode in Europa, bietet mit Zalon eine Shopping-Beratung an. Wie bei Outfittery müssen Konsumenten Angaben zu ihrem Kleidungsstil und präferierten Kleidungsstücken in ihrem Profil hinterlegen und erhalten daraufhin ein vom Stylisten individuell zusammengestelltes Paket zugesendet. Seit dem Launch im Jahr 2015 verschickte Zalon rund eine Millionen Outfits an Kunden in fünf europäischen Ländern.[17] Auch kleine, traditionelle oder familiengeführte Einzelhändler nutzen den Ansatz des Curated Shopping als Einstieg in den E-Commerce, Erweiterung der Onlinepräsenz oder um Interesse beim Konsumenten für das

---

[10] Heinemann et al. 2020, S. 39-40.
[11] Vgl. Sebald und Jacob 2018, S. 188.
[12] Vgl. Walsh et al. 2020, S. 536.
[13] Vgl. Sebald und Jacob 2018, S. 189.
[14] Vgl. Swoboda und Winters 2020, S. 200.
[15] Vgl. Tewes et al. 2020, S. 40.
[16] Vgl. OUTFITTERY GmbH 2020.
[17] Vgl. Zalon by Zalando 17.05.2018.

eigene Produkt zu wecken. Dies ermöglicht eine Differenzierung vom Wettbewerb, erhöht die Kon-
kurrenzfähigkeit und bietet die Möglichkeit, sich weiteren Kundengruppen zu präsentieren.[18]

Das Grundprinzip des Curated Shopping ist bei jedem Anbieter ähnlich aufgebaut. Auf Basis der
eingegebenen Kundenparameter wie Größen, Markenpräferenzen und Zahlungsbereitschaft generiert ein Algorithmus eine Auswahl an Kleidung oder ganzen Outfits, individuell zusammengestellt
für den jeweiligen Kunden. Die Kleidungsstücke werden anschließend verpackt und dem Kunden
zugesandt. Nach Zustellung und Anprobe seitens des Kunden kann er, wie beim herkömmlichen
E-Commerce-Geschäft, einen Teil oder die gesamte Bestellung retournieren, sofern Artikel nicht den
Vorstellungen entsprechen. Eine Gebühr für die Dienstleistung der Auswahl, der, im Optimalfall,
kundenspezifisch passenden Artikel, wird nicht erhoben, sondern ist im Produkt eingepreist. Die
hierbei angewandten Algorithmen lernen mit jedem personalisierten Angebot, jeder Kundenbewer-
tung und Rücksendung dazu und stellen dadurch ein noch präziser auf den Kunden abgestimmtes
Angebot bereit. Dies ermöglicht eine kontinuierliche Verbesserung der Personalisierung.[19] Neben
der Möglichkeit eines Algorithmus als virtuellen Stylisten gibt es zwei weitere Ausprägungsformen
von Kuratoren. Die Community als Kurator kann ohne die Angabe von kundenspezifischen Informationen genutzt werden und zeichnet sich durch Bewertungen und Empfehlungen anderer Kunden
des Onlinehändlers aus. Diese Form dient jedoch lediglich der Information und Inspiration für poten-
zielle Kunden. Ein persönlicher Kurator hingegen benötigt kundenbezogene Informationen, um be-
dürfnisorientiert und individuell ein Angebot zusammenstellen zu können.[20] Sowohl bei Outfittery als
auch bei Zalon wird ein persönlicher Kurator eingesetzt.[21]

## 2.2.  Business Model Canvas

Durch das Vertriebsmedium Internet entstanden neue Wertschöpfungsmodelle, wodurch es einer
neuen Logik der Betrachtung der Wertschöpfung bedarf. Hierzu dienen sogenannte Geschäftsmodelle (Business Model), da diese sich an veränderte Marktbedingungen anpassen. Um Geschäftsmodelle im Bereich des Electronic Business (abgekürzt E-Business) betrachten zu können, bedarf
es Analysewerkzeuge, welche sich nicht nur auf Wertschöpfungsketten beziehen. Der Wirtschafts-
theoretiker Osterwalder und der Informatiker Pigneur entwickelten den Modellansatz Business Model Canvas (abgekürzt BMC). Das BMC dient der Beschreibung, Visualisierung und Bewertung von
Geschäftsmodellen, um Veränderungen, bedingt durch Digitalisierung im E-Business, zu analysieren. Das Modell wird in neun Bausteine aufgegliedert. Die Grundlage bilden die Bausteine Kostenstruktur und Einnahmequellen. Zu den ressourcenseitigen Bausteinen, welche der Erreichung des
Wertangebots dienen, zählen Schlüsselpartner, -aktivitäten und -ressourcen. Vertriebs- und Kommunikationskanäle, Kundenbeziehungen und -segmente beschreiben die marktseitigen Bausteine.[22]

---

[18] Vgl. Sebald und Jacob 2018, S. 188.
[19] Vgl. Heinemann 2020, S. 20-21.
[20] Vgl. Bruhn et al. 2019, S. 686-687.
[21] Vgl. OUTFITTERY GmbH 2020; Zalon by Zalando 17.05.2018.
[22] Vgl. Gläß und Leukert 2017, S. 220-222.

Zunächst werden die Kundengruppen und -segmente mit deren Bedürfnissen, Merkmalen und der Kaufkraft identifiziert. Die Kernfrage richtet sich auf die wichtigsten Kunden eines Unternehmens, für die Wert generiert werden soll. Im zweiten Schritt wird das Wertangebot ermittelt, welches das Leistungsversprechen des Unternehmens darstellt. Die Kernfragen umfassen den Mehrwert für den Kunden und den durch das Angebot erzeugten Mehrwert. Anschließend werden die Vertriebs-, Kommunikations- und Distributionskanäle des Wertangebots analysiert. Hierbei werden die Berührungspunkte der Kunden entlang der Customer Journey und die Kanäle ermittelt, über welche Kunden angesprochen werden. Es folgt eine Untersuchung der Art einer Kundenansprache im Rahmen der Kundenbeziehung. Die Kernfrage bezieht sich dabei auf die Kundengewinnung und -bindung. Im fünften Schritt werden Einnahmequellen identifiziert. Dabei wird die Zahlungsbereitschaft der Kunden und aktuelle Einnahmen der Wertangebote ermittelt. Es folgt die Identifikation der essenziellen und bereits vorhandenen Ressourcen für den erfolgreichen Aufbau und Betrieb des Geschäftsmodells. Nach der Analyse der Ressourcen werden die Schlüsselpartner und deren Potenzial untersucht, inwieweit diese das Geschäftsmodell optimieren. Dabei wird untersucht, welche Partner in welcher Form mit dem Unternehmen zusammenarbeiten, um Ressourcen zu erhalten und Aktivitäten ausführen zu können. Anschließend werden Schlüsselaktivitäten festgelegt, welche für das Schaffen, Unterbreiten und Betreuen der Wertangebote erforderlich sind. Die Kernfrage beschäftigt sich mit zu ergreifenden Maßnahmen, um das Geschäftsmodell umsetzen zu können. Zum Schluss wir die Kostenstruktur ermittelt. Dabei werden alle fixen und variablen Kosten betrachtet, die bei der Bereitstellung des Wertangebots anfallen und notwendig sind.[23]

| Schlüsselpartner | Schlüsselaktivitäten | Wertangebote | Kundenbeziehungen | Kundensegmente |
|---|---|---|---|---|
| Mit wem wird in welcher Form zusammengearbeitet, um die Schlüsselressourcen zu erhalten und die Schlüsselaktivitäten ausführen zu können? | Welche Maßnahmen müssen wir ergreifen, um das zukünftige Geschäftsmodell umzusetzen? | Welcher Mehrwert wird für Kunden in den jeweiligen Kundengruppen und -segmenten geliefert? Welches Produkt und welche Dienstleistung erzeugen welchen Mehrwert? | Wie können die relevanten Kundengruppen und -segmente gewonnen und an das Unternehmen gebunden werden? | Wer zählt zu den wichtigsten Kunden für das Unternehmen, für die Wert generiert werden soll? |
|  | **Schlüsselressourcen** |  | **Kanäle** |  |
|  | Welche Ressourcen sind unverzichtbar, um das Geschäftsmodell zu realisieren und wirtschaftlich zu betreiben? |  | Welche Berührungspunkte gibt es für Kunden entlang ihrer Customer Journey? Über welche internen und externen Kanäle werden Kunden angesprochen? |  |
| **Kostenstruktur** | | | **Einnahmequellen** | |
| Welche Ausgaben sind notwendig, um das Wertangebot bereitzustellen? Ohne welche Ausgaben kann das Geschäftsmodell nicht funktionieren? | | | Für welche Wertangebote bezahlt der Kunde wie viel aktuell und für welche Wertangebote ist er bereit, zu zahlen? | |

*Abbildung 1: Business Model Canvas.*
*Quelle: Eigene Darstellung; Vgl. Hanschke 2021, S. 321-324.*

---

[23] Vgl. Hanschke 2021, S. 321-324.

## 3. Geschäftsmodellanalyse

### 3.1. Kundensegmente

Curated Shopping wird von jenen Verbrauchern bevorzugt, welche schnell durch die Informationsfülle im Internet überfordert sind. Auch aufgrund des Convenience-Faktors, der Bequemlichkeit der Konsumenten, bevorzugen unerfahrene Verbraucher Curated Shopping. Verwendet diese Kundengruppe jedoch häufiger den Service und gewinnt so Wissen über den bevorzugten Kleidungsstil und passende Konfektionsgrößen, beschäftigen sie sich in Zukunft eigenständig mit der Suche, Auswahl und Bestellung der gewünschten Kleidung. Unterschiede in der Nutzung von betreutem Einkaufen sind im Alter und Geschlecht der Konsumenten zu erkennen.[24] Die Kundengruppe des Curated Shopping umfasst zum größten Teil Männer, da diese den Einkauf von Kleidung als Störfaktor empfinden im Gegenteil zu Frauen, welche laut Gerrit Heinemann, deutscher Handelsexperte und E-Commerce-Forscher, für Shopping das Vierfache an Zeit aufwenden als Männer. Curated Shopping richtet sich an Männer, die beruflich erfolgreich sind und hierfür stilvoll gekleidet sein müssen, eine Beratung bevorzugen, einen Kleidungskauf als Last ansehen und in standardmäßigen Größen Platz finden, so Heinemann.[25] Diese Aussagen bestätigen sich bei Outfittery. Die kaufkräftigste Kundegruppe umfasst männliche Konsumenten in einem Alter zwischen 30 und 50 Jahren.[26]

### 3.2. Wertangebote

Der Prozess des Curated Shopping soll dem Konsument Zeit bei der Produktsuche einsparen und das Onlineshopping bequemer und zielorientierter gestalten.[27] Diese Bequemlichkeit und Zeitersparnis schätzen Konsumenten laut einer Studie von Sebald und Jacob. Für die Befragten war ein zeitnaher, bequemer und flexibler Einkauf von Kleidung entscheidend. Daraus ergibt sich, dass die Ersparnis von Aufwand und Zeit die wesentlichen Vorteile von Curated Shopping darstellen. Gleichzeitig verlangen Konsumenten eine große Produkt- und Informationsvielfalt sowie eine starke Personalisierung. Auch muss der Onlineshop dem Verbraucher Unterhaltung bieten. In der Studie wurden zudem die Produktsuche, das Interesse an Produktkombinationen oder nach Veränderung sowie die Bereitschaft zu Innovation als Gründe aufgezeigt, Curated Shopping zu nutzen.[28]

### 3.3. Kanäle

Die Kommunikationsmöglichkeiten sind im Curated Shopping umfassender als im traditionellen Onlineshopping. Für den persönlichen Dialog mit Konsumenten können Telefon, Smartphone, E-Mail und soziale Netzwerke eingesetzt werden. Die menschliche Distanz zwischen Internetnutzer und Onlinehändler, wie es sie im klassischen Onlinehandel gibt, wird durch die Nutzung verschiedener Kommunikationskanäle beim Curated Shopping verringert und somit die Kundenzufriedenheit im

---

[24] Vgl. Cha et al. 2018, S. 339; Vgl. Tewes et al. 2020, S. 25.
[25] Vgl. Heinemann 2020, S. 290-291.
[26] Vgl. Walsh et al. 2020, S. 536.
[27] Vgl. Cha et al. 2018, S. 323-324.
[28] Vgl. Sebald und Jacob 2018, S. 190-193.

besten Fall erhöht. Über Suchmaschinen werden die wenigsten Kunden aufmerksam auf Curated Shopping, was der Besonderheit des Geschäftsmodells geschuldet ist. Sucht ein Konsument nach einem bestimmten Kleidungsstück, erscheint selten die Anzeige des Curated Shops, sondern von Onlinehändlern, welche dieses Kleidungsstück einzeln zum Verkauf anbieten. Bei Modomoto, welches sich 2019 mit Outfittery zusammengeschlossen hat, sind soziale Netzwerke wie Facebook und eine positive Mund-zu-Mund-Propaganda für die Neukundenakquisition entscheidend. Mund-zu-Mund-Kommunikation als eine wichtige Form der Weiterempfehlung im Curated Shopping resultiert aus langfristigen Kundenbeziehungen und dem positiven Feedback der Kunden.[29] Plattformen des Social Media ermöglichen einen Austausch zwischen Anbieter und Kunde. Targeting wird bei Curated Shops zur effizienten Aussteuerung der Kundenkommunikation über alle Kanäle hinweg genutzt. Ein Tracking der Nutzer ermöglicht eine Analyse der Customer Journey und bietet die Möglichkeit, die Erfahrung der Konsumenten zu managen.[30] Curated Shopping bietet Verbrauchern eine Unterstützung im Onlinehandel bei der individuellen Produktauswahl. Hierfür müssen Kunden jedoch Daten offenlegen, damit ein persönliches Angebot erstellt werden kann. Dies reicht von Konfektionsgrößen bis hin zu genauen Körpermaßen. Dabei spielt die Präsenz in sozialen Medien des Onlinehändlers in Bezug auf den Datenschutz eine große Rolle. Bei einer umfangreichen sozialen Präsenz wird die Kompetenz des Anbieters höher eingeschätzt und Datenschutzbedenken bei Verbrauchern dadurch verringert.[31]

## 3.4.    Kundenbeziehungen

Beim Curated Shopping wird eine One-to-One-Kundenbeziehung angestrebt. Dies ermöglicht die Konzentration auf einen Kunden und die Bereitstellung eines individuell zusammengestellten Angebots an Kleidung.[32] Um die One-to-One-Kundeninteraktion zu intensivieren, werden zusätzliche Daten zum Kunden auch per Telefon oder Online-Chat erfasst. Kuratoren sind beim Curated Shopping der primäre Kontakt für Konsumenten. Der persönliche Kontakt zwischen Kuratoren und Kunden erhöht das Vertrauen in die Serviceleistung, begünstigt eine langfristige Kundenbindung und fördert oder gefährdet das Einkaufserlebnis. Denn es besteht immer die Gefahr, dass Konsumenten sich durch die Meinung des Kuratoren unter Druck gesetzt fühlen oder die Meinung nicht vertreten und dadurch die Beratung ablehnen. Die Berater helfen jedoch dabei, neue Kleidungsstile den Konsumenten aufzuzeigen, um so Inspirationen für Outfits zu erhalten.[33] Auch werden dem Kunden Marken vorgestellt, die neu auf dem Markt sind oder der Kunde noch nicht genutzt hat. Die stetige Erweiterung der Kundendaten und Erfassung der Kundenwünsche, welche so im klassischen Onlinehandel nicht vorzufinden ist, wirkt sich ebenfalls positiv auf die Kundenbeziehung aus.[34] Zudem zählt Curated Shopping zu den primär transaktionsorientierten Formen der Kundeninteraktion. Die primär

---

[29] Vgl. Möhlenbruch et al. 2014, S. 27-28; Vgl. Rungg 29.05.2019.
[30] Vgl. Hildebrandt und Landhäußer 2020, S. 96.
[31] Vgl. Wolnitz et al. 2020.
[32] Vgl. Heinemann 2020, S. 286.
[33] Vgl. Sebald und Jacob 2018, S. 189-194.
[34] Vgl. Möhlenbruch et al. 2014, S. 27-28.

transaktionsorientierten Formen unterteilen sich in innovative Marktplätze und Social-Commerce-Plattformen. In letzteres Segment wird Curated Shopping eingeordnet. Bei Social-Commerce-Plattformen handelt es sich um eine gleichmäßige Verschmelzung des E-Commerce und Social Media.[35]

## 3.5. Einnahmequellen

Obwohl Curated Shopping im E-Commerce bekannt ist, ist es für viele Händler aufgrund niedriger Warenkorbwerte und Bestellhäufigkeiten der Kunden nicht rentabel. Onlinehändlern muss es gelingen, die Loyalität der Konsumenten zu gewinnen, um den Warenkorbwert zu erhöhen und so die kostenlose Outfit-Beratung als rentables Geschäftsmodell nutzen zu können.[36] Outfittery bietet seinen Kunden keine Rabatte oder Sonderangebote an. Ein Grund hierfür ist das Angebot der kostenlosen Beratung, welche finanziert werden muss. Dies beeinflusst die Kunden des Anbieters jedoch nicht und die Kunden verzichten für einen kostenlosen persönlichen Service auf Preissenkungen.[37]

## 3.6. Schlüsselressourcen

Der Kernprozess des Curated Shopping, die Auftragsabwicklung, erfordert den Einsatz von Software. Speziell ein Customer-Relationship-Management-System (abgekürzt CRM-System) ist notwendig. Mithilfe eines CRM-Systems können kundenspezifische Daten ergänzt, korrigiert und abgerufen werden. Dies ermöglicht eine ständige Weiterentwicklung des Kundenprofils, die Möglichkeit, passgenaue Angebote bereitzustellen sowie eine hohe Qualität des Services zu gewährleisten.[38] Hinsichtlich des CRM-Systems können Anbieter jenes mit elektronischen Medien zu einem E-CRM-System verbinden und dadurch die Nutzung von Data-Warehouse- und Data-Mining-Konzepten unterstützen. Dies fördert die Ausrichtung auf die Kunden und deren Bedürfnisse. Die Realisierung von One-to-One-Marketing und Mass Customization rücken den Wert der Kundendaten und damit einhergehend Big Data in den Mittelpunkt. Auf Big Data baut die gezielte Ansprache und Bearbeitung von den im Curated Shopping vorhandenen Kundensegmenten auf.[39] Auch die Auswertung von Kundenfeedbacks ist eine wichtige Informationsquelle für Anbieter des Curated Shopping, um fortlaufend den Service verbessern zu können und so die Kundenzufriedenheit zu erhöhen. Eine weitere Schlüsselressource sind Modeberater. Jene werten den Kleidungsstil der Kunden aus und stellen Outfits auf Basis der vom Kunden angegebenen Daten zusammen.[40]

## 3.7. Schlüsselpartner

Die Kundenzufriedenheit wird durch die Bereitstellung verschiedener Lieferungs- und Zahlungsbedingungen beeinflusst. Für ein breites Portfolio an Zahlungsverfahren, aus welchem der Kunde sein bevorzugtes Zahlungsverfahren auswählen kann, muss mit verschiedenen Zahlungsdienstleistern

---

[35] Vgl. Heinemann 2020, S. 167-169.
[36] Vgl. Sebald und Jacob 2018, S. 188-194.
[37] Vgl. Möhlenbruch et al. 2014, S. 28.
[38] Vgl. Möhlenbruch et al. 2014, S. 29.
[39] Vgl. Hildebrandt und Landhäußer 2020, S. 96.
[40] Vgl. Möhlenbruch et al. 2014, S. 25-29.

zusammengearbeitet werden, um diesen Service bereitstellen zu können.[41] Anbieter von Curated Shops pflegen auch Geschäftsbeziehungen mit Versanddienstleister. Nur so können die Outfits auch dem Kunden zugestellt werden. Der Fokus liegt dabei auf einem kostenfreien Versand für den Kunden.[42]

## 3.8. Schlüsselaktivitäten

Im Rahmen einer Wertschöpfungskette stellen das Marketing, die Unternehmensinfrastruktur, die Organisation, das Management der Mitarbeiter, das Controlling sowie das Finanz- und Rechnungs-wesen die unterstützenden Aktivitäten dar. Primäre Aktivitäten innerhalb des Kernprozesses, der Auftragsabwicklung, sind, beginnend mit der Anmeldung durch den Interessenten, die persönliche Beratung, die Beschaffung und Produktauswahl, der Versand der Ware sowie die Auswertung von Kundenbewertungen. Auch das Sortiment stellt ein Erfolgsfaktor eines Curated Shops dar. Dabei sind vorzugsweise verbundbezogene Produkte wie Gürtel, Krawatte oder Einstecktücher eine gute Ergänzung zum gängigen Sortiment und helfen beispielsweise ein Outfit mit einem Anzug abzurun-den.[43] Die Absicht von Verbrauchern, Curated Shopping zu nutzen, hängt vorrangig von den Vortei-len und Risikofaktoren des Geschäftsmodells ab und weniger vom tatsächlichen Produkt, welches angeboten wird. Anbieter von Curated Shopping müssen deshalb die Risiken der Konsumenten analysieren und verstehen, um die Beratungsdienstleistung zu verbessern, was eine Schlüsselakti-vität darstellt. Das finanzielle Risiko ist beim Curated Shopping sehr hoch. Dies ist darin begründet, dass Verbraucher, die Curated Shopping in Anspruch nehmen, keine Preise vergleichen und so das Gefühl entwickeln, dass sie für das individuell zusammengestellte Angebot mehr bezahlen müssen als die Produkte einzeln wert sind. Somit besteht die Gefahr eines subjektiven finanziellen Verlusts. Anbieter des Curated Shopping sollten dem Kunden versichern, dass die Preise nicht von anderen Onlinehändlern abweichen. Dies kann durch einen automatisierten angezeigten Preisvergleich auf der Website geschehen. Der Shop wirkt so vertrauensvoller für Kunden und die Gefahr des finanzi-ellen Verlusts wird gemindert. Erfahrene Verbraucher schätzen das finanzielle Risiko höher ein als unerfahrene, da sie bereits eigenständig einkaufen und Preise mit den eigenen Kauferfahrungen vergleichen können. Hierbei können Kundenbindungsprogramme oder eine loyalitätsbasierende Preisbildung zum Einsatz kommen, um auch erfahrene Verbraucher zu gewinnen oder zu binden. Das Leistungsrisiko in Bezug auf die Produktqualität oder Produktleistung ist durch den Einsatz von multimedialen Darstellungen geringer als ein finanzielles Risiko. Durch die Nutzung künstlicher In-telligenzen und Datenanalysen werden die Bedürfnisse der Kunden besser verstanden und so das psychologische Risiko minimiert.[44]

---

[41] Vgl. Möhlenbruch et al. 2014, S. 28.
[42] Vgl. Heinemann 2020, S. 290.
[43] Vgl. Möhlenbruch et al. 2014, S. 25-28.
[44] Vgl. Cha et al. 2018, S. 337-341.

## 3.9.  Kostenstruktur

Die Möglichkeit, Ware zu retournieren, ist ein Bestandteil des E-Fulfillment-Prozesses.[45] Auch wenn die Retourenquote mit unter fünf Prozent im Vergleich zum klassischen Onlinehandel mit Quoten von 70 bis 80 Prozent deutlich geringer sind, sind Rücksendungen ein Kostenfaktor für E-Commerce-Unternehmen.[46] Die niedrigen Retourenquoten können auf die individuellen Angebote und damit einhergehenden verbesserten Befriedigung der Kundenwünsche durch Kuratoren zurückgeführt werden.[47] Rücksendungen können aber auch als Feedback-Quelle von Kunden angesehen werden, wodurch Anbieter ihre Dienstleistung verbessern können. Die Auswertung von Kundenfeedbacks bietet nicht nur Vorschläge zur Verbesserung, sondern senkt auch Kosten für den Service und für die Neukundenakquisition. Regelmäßige Kunden sind kostengünstiger und fördern den Vertrieb mit einer positiven Mund-zu-Mund-Propaganda, wodurch auch Vermarktungskosten gesenkt werden können. Anbieter des Curated Shopping bestellen die vertriebene Ware nur nach Bedarf, wodurch Lagerkosten minimiert werden können. Hierdurch und durch das Entfallen einer Ladenmiete wie im Einzelhandel werden hohe Summen eingespart, allerdings verlängert sich die Lieferzeit.[48] Händler von Curated Shops setzen oftmals höhere Preise an als Onlinehändler, welche keine Beratung anbieten. Jedoch können die Preise unterhalb derer im stationären Handel liegen, da die Personalkosten durch die Nutzung von Algorithmen und künstlicher Intelligenz geringer sind als im Einzelhandel.[49]

## 4.  Fazit

Die Analyse des Geschäftsmodells ergab, dass Curated Shopping durch die persönliche Kundenbetreuung Konsumenten eine bequeme und zeitsparende Alternative zum herkömmlichen Onlineshopping bietet. Die Vorzüge des stationären Handels und des traditionellen Onlinehandels werden miteinander kombiniert. Anbieter von Curated Shops können so im Wettbewerb mit klassischen Onlinehändlern bestehen bleiben und überleben. Da die Informationsflut in den kommenden Jahren noch weiter zunehmen wird, wird ein maßgeschneiderter Beratungsservice für Konsumenten immer wichtiger, um dem Aufwand der Informationssuche zu entgehen und Zeit zu sparen. Noch ist Curated Shopping lediglich in der Bekleidungs-Branche zu finden. Das Angebot könnte sich in den nächsten Jahren auf weitere Branchen erweitern. Die Herausforderungen und Risiken, welche mit E-Commerce und individueller Kundenbetreuung einhergehen, müssen auch in Zukunft große Beachtung finden, damit Curated Shops am Markt bestehen bleiben und Konsumenten somit eine differenzierte Dienstleistung zu herkömmlichen Onlinehändlern angeboten werden können.

---

[45] Vgl. Heinemann 2020, S. 120.
[46] Vgl. Möhlenbruch et al. 2014, S. 28-29.
[47] Vgl. Garnefeld et al. 2017, S. 609.
[48] Vgl. Möhlenbruch et al. 2014, S. 29.
[49] Vgl. Heinemann 2020, S. 290.

# Literaturverzeichnis

Bruhn, Manfred/Hadwich, Karsten/Meffert, Heribert (2019). Handbuch Dienstleistungsmarketing. Planung - Umsetzung - Kontrolle. 2. Aufl. Wiesbaden, Springer Gabler.

Cha, Hoon S./Soeun You/Kwang Wook Gang/Park, Minseok (2018). The Value and Risk of Curated Shopping: Online Consumer's Choice. International Journal of Business & Information 13 (3), 321-348.

Garnefeld, Ina/Böhm, Eva/Feider, Lena (2017). Kundenwert. Grundlagen – Innovative Konzepte – Praktische Umsetzungen. Retourenmanagement zur Steigerung des Kundenwerts. 4. Aufl. Wiesbaden, Springer Gabler.

Gläß, Rainer/Leukert, Bernd (2017). Handel 4.0. Die Digitalisierung des Handels. Srategien, Technologien, Transformation. Berlin, Heidelberg, Springer Gabler.

Hanschke, Inge (2021). Digitaler Wandel - lean & systematisch. Disruptive und evolutionäre Innovationen ganzheitlich vorantreiben in Business & IT. Wiesbaden, Springer Vieweg.

Heinemann, Gerrit (2017). Der neue Online-Handel. Geschäftsmodell und Kanalexzellenz im Digital Commerce. 8. Aufl. Wiesbaden, Springer Gabler.

Heinemann, Gerrit (2020). Der neue Online-Handel. Geschäftsmodelle, Geschäftssysteme und Benchmarks im E-Commerce. 11. Aufl. Wiesbaden, Springer Gabler.

Heinemann, Gerrit/Kannen, Klaus/Bleil, Sebastian (2020). Plattformökonomie und eCommerce im Banking. Grundlagen, Plattform-Geschäftsmodelle, Optionen und Lösungsansätze. Wiesbaden, Springer Gabler.

Hildebrandt, Alexandra/Landhäußer, Werner (Hg.) (2020). CSR und Digitalisierung. Der digitale Wandel als Chance und Herausforderung für Wirtschaft und Gesellschaft. 2. Aufl. Berlin, Springer Gabler.

Möhlenbruch, Dirk/Georgi, Jana/Kohlmann, Alena (2014). Erfolgspotenziale der Prozessorientierung im Curated Shopping. Marketing Review St. Gallen 31 (6), 22-33.

Olbrich, Rainer/Schultz, Carsten D./Holsing, Christian (2019). Electronic Commerce und Online-Marketing. Ein einführendes Lehr- und Übungsbuch. 2. Aufl. Berlin, Springer Gabler.

OUTFITTERY GmbH (Hrsg.) (2020). Faktenblatt. Online verfügbar unter https://www.outfittery.de/press (abgerufen am 25.04.2021).

Rungg, Andrea (2019). Outfittery und Modomoto (Curated Shopping Group) schließen sich zum größten europäischen Per-sonal Shopping-Anbieter zusammen. Berlin, Pressemitteilung vom 29.05.2019. Online verfügbar unter https://www.outfittery.de/press-releases (abgerufen am 30.04.2021).

Sebald, Anna/Jacob, Frank (2018). Help welcome or not: Understanding consumer shopping motivation in curated fashion retailing. Journal of Retailing and Consumer Services 40, 188–203.

Swoboda, Bernhard/Winters, Amelie (2020). Marketing Weiterdenken. Zukunftspfade für eine marktorientierte Unternehmensführung. 2. Aufl. Wiesbaden, Springer Gabler.

Tewes, Stefan/Niestroj, Benjamin/Tewes, Carolin (2020). Geschäftsmodelle in die Zukunft denken. Erfolgsfaktoren für Branchen, Unternehmen und Veränderer. Wiesbaden, Springer Gabler.

Walsh, Gianfranco/Deseniss, Alexander/Kilian, Thomas (2020). Marketing. Eine Einführung auf der Grundlage von Case Studies. 3. Aufl. Berlin, Heidelberg, Springer Gabler.

Wolnitz, Sandra/Huber, Frank/Albers, Madeline (2020). Curated Retailing: How Data Sensitivity and Social Presence Influence Privacy Concerns. AMA Winter Educators' Conference Proceedings vom 2020, SCR-25-SCR-26. Online verfügbar unter http://search.ebscohost.com/login.aspx?direct=true&db=bsu&AN=145018429&site=eds-live (abgerufen am 25.04.2021).

Zalon by Zalando (2018). 3 Jahre Zalon by Zalando. Die persönliche Online-Stilberatung in Zahlen und schönsten Momenten. Berlin, Pressemitteilung vom 17.05.2018. Online verfügbar unter https://www.zalon.de/press (abgerufen am 25.04.2021).